BEI GRIN MACHT SICH IHR WISSEN BEZAHLT

- Wir veröffentlichen Ihre Hausarbeit, Bachelor- und Masterarbeit
- Ihr eigenes eBook und Buch - weltweit in allen wichtigen Shops
- Verdienen Sie an jedem Verkauf

Jetzt bei www.GRIN.com hochladen und kostenlos publizieren

Mathias Hirsch

SWOT-Analyse. Ein Überblick mit Anwendungsbeispiel

GRIN Verlag

Bibliografische Information der Deutschen Nationalbibliothek:

Die Deutsche Bibliothek verzeichnet diese Publikation in der Deutschen Nationalbibliografie; detaillierte bibliografische Daten sind im Internet über http://dnb.d-nb.de/ abrufbar.

Dieses Werk sowie alle darin enthaltenen einzelnen Beiträge und Abbildungen sind urheberrechtlich geschützt. Jede Verwertung, die nicht ausdrücklich vom Urheberrechtsschutz zugelassen ist, bedarf der vorherigen Zustimmung des Verlages. Das gilt insbesondere für Vervielfältigungen, Bearbeitungen, Übersetzungen, Mikroverfilmungen, Auswertungen durch Datenbanken und für die Einspeicherung und Verarbeitung in elektronische Systeme. Alle Rechte, auch die des auszugsweisen Nachdrucks, der fotomechanischen Wiedergabe (einschließlich Mikrokopie) sowie der Auswertung durch Datenbanken oder ähnliche Einrichtungen, vorbehalten.

Impressum:

Copyright © 2012 GRIN Verlag GmbH
Druck und Bindung: Books on Demand GmbH, Norderstedt Germany
ISBN: 978-3-656-50005-6

Dieses Buch bei GRIN:

http://www.grin.com/de/e-book/232903/swot-analyse-ein-ueberblick-mit-anwendungsbeispiel

GRIN - Your knowledge has value

Der GRIN Verlag publiziert seit 1998 wissenschaftliche Arbeiten von Studenten, Hochschullehrern und anderen Akademikern als eBook und gedrucktes Buch. Die Verlagswebsite www.grin.com ist die ideale Plattform zur Veröffentlichung von Hausarbeiten, Abschlussarbeiten, wissenschaftlichen Aufsätzen, Dissertationen und Fachbüchern.

Besuchen Sie uns im Internet:

http://www.grin.com/

http://www.facebook.com/grincom

http://www.twitter.com/grin_com

SWOT-Analyse

Hausarbeit im Kurs

Verwaltungsmarketing und E-Government

Vorgelegt von

Mathias Hirsch

Kassel, 10.11.2011

Inhaltsverzeichnis

1. Grundidee

2. SWOT-Analyse

2.1 Definition

2.2 Unternehmensanalyse (Stärken-Schwächen-Analyse)

2.3 Umweltanalyse (Chancen-Risiken-Analyse)

2.4 SWOT-Analyse-Matrix

3. Anwendungsbeispiel

4. Schlußbetrachtung

5. Literaturverzeichnis

Die nachfolgende Hausarbeit soll die Grundidee der SWOT-Analyse darstellen, Ihre Durchführung aufzeigen und abschließend Vor- und Nachteile zusammenfassen.

1. Grundidee

Wesentliche Voraussetzung für eine erfolgreiche Marketingstrategie sind fundierte Kenntnisse über die Stärken und Schwächen des eigenen Unternehmens. Zudem sollten die Kernkompetenzen bzw. der Kernauftrag eines Unternehmens bekannt sein.[1]
Das Kapital für zukünftige Erfolge sind die eigenen Stärken. Das Erkennen der eigenen Schwächen ist gleichermaßen wichtig, auch um diese zu umgehen. Es genügt jedoch nicht, die Stärken und Schwächen des Unternehmens zu kennen, sondern man muss auch die Chancen und Risiken des Marktes und der Umwelt kennen und nutzen bzw. meiden.

Abbildung 1 stellt dar wie Strategie, Unternehmensfaktoren und Umweltfaktoren zusammenhängen.[2]

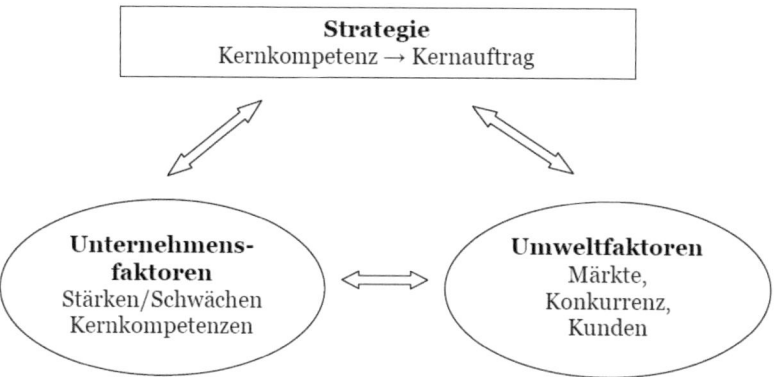

---

[1] Vgl.: A. von der Gathen, H. Simon. Das große Handbuch der Strategieinstrumente
[2] Darstellung nach A. von der Gathen, H. Simon

2. SWOT-Analyse

2.1. Definition

Um die momentane und zukünftige Lage eines Unternehmens einschätzen zu können, muss eine Situationsanalyse durchgeführt werden. Dabei müssen sowohl die internen Unternehmensfaktoren als auch die externen Umweltfaktoren betrachtet werden. Die SWOT-Analyse[3] ist ein Instrument der Strategischen Planung, welches der Positionsbestimmung und der Strategieentwicklung von Unternehmen bzw. anderen Organisationen dient.
Der Grundgedanke dieser Methode ist das Anfertigen einer Stärken-Schwächen-Analyse, sowie einer Chancen-Risiken-Analyse, welche dann miteinander verglichen werden.
Die SWOT-Analyse soll ermitteln, ob die gegenwärtige Strategie eines Unternehmens, sowie dessen Stärken und Schwächen geeignet und ausreichend sind, um auf Wandlungen der externen Umweltfaktoren reagieren zu können.
Ziel der SWOT-Analyse ist demnach eine begründete Basis für die Ableitung von Strategien zu schaffen.

2.2. Unternehmensanalyse (Stärken–Schwächen–Analyse)

Stärken bzw. Schwächen beziehen sich auf das Unternehmen selbst; sie ergeben sich aus der Selbstbeobachtung des Unternehmens. Dies sind Fähigkeiten und Ressourcen, welche aus dem Unternehmen kommen und die das Unternehmen kontrollieren bzw. beeinflussen kann.[4]
Im ersten Schritt einer Stärken-Schwächen-Analyse müssen die zu beurteilenden Kriterien festgelegt werden. Da der Kriterienkatalog nicht zu lang werden darf, aber andererseits keine wesentlichen Kriterien vergessen werden soll, gestaltet sich dies unter Umständen als schwierig. Hierbei werden verschiedene Bereiche des Unternehmens untersucht und man erfasst, welche Stärken oder Schwächen vorhanden sind.[5]
Bedeutend hierbei ist, dass die identifizierten Stärken und Schwächen erst durch den Vergleich mit Wettbewerbern eine Bedeutung oder einen Aussagewert gewinnen.[6]
Für diesen Konkurrenzvergleich werden neben objektiven Daten, wie den finanziellen oder technischen Fakten, auch subjektive Überlegungen zur Bewertung verwendet. Dies können Marktstudien oder Imageanalysensein.
Die Unternehmensanalyse dient der Kennzeichnung des Handlungsspielraumes eines Unternehmens gegenüber seinen Wettbewerbern und ist daher eine wichtige Voraussetzung für die Planung von Strategien und Maßnahmen.
Bei der Bewertung kann ein Kriterienkatalog in Form einer Checkliste oder eine graphische Darstellung genutzt werden[7].

---

[3] engl. Akronym für **S**trengths (Stärken), **W**eaknesses (Schwächen), **O**pportunities (Chancen) und **T**hreats (Bedrohungen)
[4] z.B. Finanzsituation, Standort, Personal, Firmenkultur, Motivation
[5] Vgl.: A. von der Gathen, H. Simon, Das große Handbuch der Strategieinstrumente
[6] Vgl.: Steiniger, H., Die SWOT Analyse S. 2 ff.
[7] siehe Abb. 2

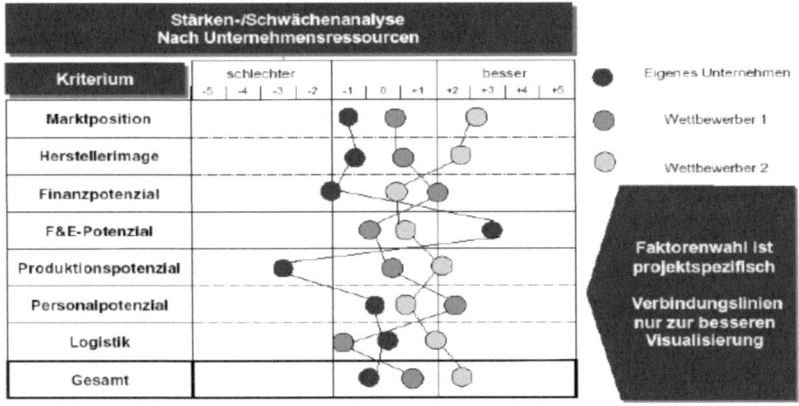

Abb. 2 - Vergleich der eigenen Unternehmenssituation mit denen wichtiger Wettbewerber (Quelle: Dr. Schröter, Vortragsfolie Strategisches Marketing, 2011)

2.3. Umweltanalyse (Chancen-Risiken-Analyse)

In der externen Analyse wird die Unternehmensumwelt untersucht, man spricht auch von der Umweltanalyse. Die Chancen und Gefahren kommen von außen und ergeben sich aus Veränderungen im Markt, in der technologischen, sozialen oder ökologischen Umwelt. Die Umweltbedingungen sind für das Unternehmen vorgegeben, die hier wirkenden Kräfte sind weitgehend exogen. Die Umweltveränderungen, welche dem Unternehmen positiv zu Gute kommen, werden als Chancen, diejenigen, welche dem Unternehmen Schaden können als Risiken bezeichnet.[8] Zur besseren Übersichtlichkeit sollten die ermittelten Chancen und Risiken in eine Reihenfolge gebracht werden, je nach Eintrittswahrscheinlichkeit und Bedeutsamkeit der Auswirkungen. Das Unternehmen beobachtet oder antizipiert diese Veränderungen und reagiert darauf mit Strategieanpassung.[9]

2.4. SWOT-Analyse-Matrix

Die SWOT-Analyse-Matrix führt im letzten Arbeitsgang die Stärken-Schwächen-Analyse und Chancen-Risiken-Analyse zusammen. Dabei wird versucht, den Nutzen aus Stärken und Chancen zu maximieren und die Verluste aus Schwächen und Gefahren zu minimieren. Diese Gesamtstrategie ergibt sich aus den vier Teilstrategien[10], welche in der Abb 3. dargstellt werden.

---

[8] Vgl.: Klempien, D., Stärken-Schwächen-Analyse (Internetabruf)
[9] http://de.wikipedia.org/wiki/Swot_analyse (Stand: 10.10.2011), abgerufen am 02.11.2011
[10] SO, ST, WO, WT

Hierzu wird eine Vierfeldermatrix verwendet. Dabei wird gezielt nach folgenden Kombinationen gesucht:

1. Stärke-Chancen-Kombination **(SO)**:

   Welche Stärken passen zu welchen Chancen? Wie können Stärken genutzt werden, so dass sich die Chancenrealisierung erhöht?

2. Stärke-Risiko-Kombination **(ST)**:

   Welche Gefahren können mit welchen Stärken begegnet werden? Wie können vorhandene Stärken eingesetzt werden, um den Eintritt bestimmter Gefahren abzuwenden?

3. Schwäche-Chancen-Kombination **(WO)**:

   Wo können aus Schwächen Chancen entstehen? Wie können sich Schwächen zu Stärken entwickelt werden?

4. Schwäche-Risiko-Kombination **(WT)**:

   Wo befinden sich die Schwächen und wie kann sich das Unternehmen vor Schäden schützen?

Umweltfaktoren / Unternehmensfaktoren	**Opportunities** (Chancen) 1. 2. ...	**Threads** (Risiken) 1. 2. ...
Strenghts (Stärken) 1. 2. ...	**SO-Strategien** z.B. Expansion	**ST-Strategien** z.B. Kooperationen
Weaknesses (Schwächen) 1. 2. ...	**WO-Strategien** z.B. Vertriebseinheiten im Ausland	**WT-Strategien** z.B. Schließungen, Outsourcing

Abb. 3 SWOT-Analyse-Matrix[11]

Aufgrund der ermittelten Kombinationen müssen passende Strategien entwickelt und aufeinander abgestimmt werden. Hierbei handelt es sich um den anspruchsvollsten Teil des Vorgehens.

---

[11] Vgl.: Darstellung nach A. von der Gathen, H. Simon

3. Anwendungsbeispiel

Für den Landkreis Teltow-Fläming wurde im Jahre 2006 eine SWOT-Analyse[12], inhaltlich der relevanten wirtschaftlichen, gesellschaftlichen und sozialen Bereiche im Landkreis entwickelt, um ein umfassendes Bild des Status-quo und der künftigen Entwicklung im Landkreis zu bekommen.

Stärken	Schwächen
- Beschäftigungsaufbau entgegen Landestrend - Großbeeren und Ludwigsfelde bedeutende Arbeitsorte mit hoher Beschäftigungsquote und Einpendleranteil - Anstieg der Erwerbstätigenquote - Wachsender Niedriglohnsektor und Geringfügige Beschäftigungsverhältnisse konnten Abbau bei SV-Beschäftigten überkompensieren - Arbeitslosigkeit im Norden des Landkreises liegt unter Bundesdurchschnitt - Nähe zum (Aus-) Bildungsmarkt Berlin - Etablierter Pendlerstandort - Starke Anziehungskraft auf Arbeitskräfte der Nachbarlandkreise - Große Kapazität in Kindertagesstätten - Gutes Netzwerk sozialer Beratungsdienste für Arbeitslose - Niedrige Kriminalitätsrate im Brandenburger Vergleich	- Unbefriedigend hohe Arbeitslosenquote und große regionale Disparitäten bei der Arbeitsplatzdichte und der Arbeitslosenquote - Abbau sozialversicherungspflichtiger Beschäftigungsverhältnisse - Hoher Anteil an Langzeitarbeitslosen - Überdurchschnittlich viele Jugendliche (unter 25 Jahren) unter den Arbeitslosen - Vergleichsweise geringer Bevölkerungsanteil mit „Hochschulreife" - Ausbildungsstellenlücke - Geringe Ausbildungsbereitschaft im KMU-Bereich - Mangelnde adäquate Ausbildungsfähigkeit vieler Ausbildungsstellensuchenden - Geringe Motivation, Qualifikation und soziale Kompetenzen bei vielen Jugendlichen - Wenige gemeldete offene Stellen - Fehlqualifikationen vieler Arbeitsloser - Keine eigene Fachhochschule oder Hochschule - Hohe Kriminalitätsrate im Bundesvergleich
Chancen	**Risiken**
- Senkung der Arbeitslosigkeit durch Weiterentwicklung erfolgversprechender Branchen - Durchbrechen familiärer Desozialisierungsprozesse durch Integration der Jugendlichen in das Erwerbsleben - Niedriglohnsektor als Wiedereinstieg in das Erwerbsleben für Langzeitarbeitslose - Kurz- bis mittelfristige Fachkräftesicherung in Kooperation mit den Brandenburger und Berliner Hochschulen und Bildungseinrichtungen - Mittel- bis langfristige Fachkräftesicherung durch Investitionen in Bildung - Spezialisierung des regionalen Arbeitsmarktes auf die Branchenkompetenzen - Zielgruppenspezifische Vermittlung der Vorhandenen Arbeitslosen mit Ausbildung auf offene Stellen (Profiling) - Stärkung der Anziehungskraft als Arbeitsort für Personen aus anderen Landkreisen vermindert Beschäftigungschancen für Geringqualifizierte	- Abwerbung hochqualifizierter Arbeitskräfte von Unternehmen aus Hochlohnregionen - Familiäre Desozialisierung infolge von Arbeitslosigkeit - Verschlechterung des sozialen Zusammenhaltes aufgrund struktureller Arbeitslosigkeit - Erhöhung der Kriminalitätsrate wenn Probleme des Arbeitsmarktes nicht nachhaltig behoben werden - Mittelfristig zu erwartender Fachkräftemangel in den wichtigsten Branchen des Landkreises - Ungebremste Abwanderung aus dem ländlichen Raum

---

[12] http://www.flaeming-net.de/runde-konzept/news/doc/Endbericht_SWOT_22-11-20061.pdf
(Stand: 23.11.2006) abgerufen am 02.11.2011

Die erstellte Studie zeigt Ansatzpunkte und strategische Handlungsempfehlungen für die weitere Regionalentwicklung auf und kann als Ausgangspunkt für die Ausgestaltung des zukünftigen Regionalbudgets dienen. Anhand dieses Beispieles lässt sich erkennen, welche konkreten Auswirkungen bestimmte Stärken/Schwächen und Chancen/Risiken auf die Gestaltung der Unternehmensstrategie bzw. von Teilstrategien haben können.

4. Schlussbetrachtung

Jedes Unternehmen hat Stärken und Schwächen, sowie Chancen und Risiken. Die Situation des eigenen Unternehmens richtig einschätzen zu können, ist dabei entscheidend, um geeignete Strategien zu entwickeln.

Die SWOT-Analyse kann dabei u.a. Antworten auf die folgenden Fragen geben:

- Wodurch ist das Unternehmen erfolgreich?
- Wodurch ist der Konkurrent erfolgreich?
- Wodurch wird der eigene Erfolg gefährdet?
- Wodurch wird der Erfolg des Konkurrenten gefährdet?
- Wie können eigene Ressourcen vermehrt stärkenorientiert eingesetzt werden?

Nachteile:

Die Durchführung der SWOT-Analyse ist nicht ganz unproblematisch, was manche Unternehmen vom Einsatz dieses Instruments abhalten kann.
In der Praxis erweist sich die Informationsbeschaffung über Konkurrenten oder künftige Umweltentwicklungen oftmals als schwierig. Nachteilig ist zudem, dass die SWOT-Analyse bei der Auswahl der Einflussgrößen keine Hilfestellung leistet. Abhängigkeiten und Wechselwirkungen zwischen den einzelnen Einflussgrößen können kaum berücksichtigt werden. Dies hat zur Folge, dass es evtl. zu Widersprüchen kommen kann.

Vorteile:

Der Nutzen einer SWOT-Analyse liegt vor allem darin, dass das Unternehmensmanagement ein Instrument zur Selbsteinschätzung in übersichtlicher Darstellungsweise an die Hand bekommt. Die wichtigsten Einflussgrößen werden dabei in ihrer Komplexität stark reduziert und können verständlich dargestellt werden.

Zusammenfassend lässt sich feststellen, dass die SWOT-Analyse zur Lagebeurteilung einer Organisation gut geeignet ist, da sie eine detaillierte, unternehmensbezogene Situationsdarstellung liefert.

5. Literaturverzeichnis

Steiniger, H.:
Die SWOT-Analyse. Stengths – Weaknesses – Opportunities – Threats. 2003

http://de.wikipedia.org/wiki/Swot_analyse

Klempien, D.:
Stärken-Schwächen-Analyse, Stand: 28.01.2009,
http://www.controllingportal.de/Fachinfo/Grundlagen/Staerken-Schwaechen-Analyse.html, abgerufen am: 02.11.2011

http://www.flaeming-net.de/runde-konzept/news/doc/Endbericht_SWOT_22-11-20061.pdf

Simon, H.; von der Gathen, A.:
Das grosse Handbuch der Strategieinstrumente,
Campus Verlag GmbH, Frankfurt a.M., 2002